JESÚS LLORÓ

TRAUMA, ESTIGMA Y REDENCIÓN EN LA PASTORAL

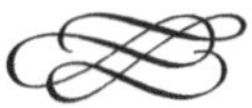

PASTOR DR. JOSE GARCIA

Citas bíblicas tomadas de la Reina-Valera 1960
ISBN: 978-1-969157-03-5

Al Padre, Dios Altísimo y Soberano.

Por ser el centro de mi devoción y mi universo; la figura suprema a quien sirvo desde los días de mi juventud. A Él, que siempre ha guiado mis pasos a puerto seguro, sin importar mis altas ni mis bajas. Al mismo que rescató mi vida del hoyo, cuidándome en cada etapa, especialmente en las más densas y oscuras, aquellas que marcaron un antes y un después en mi caminar y en mi manera de afrontar las dificultades. Dificultades nacidas no solo de haber transitado por el desierto de la vida (viniendo de una familia disfuncional), sino también por los áridos valles de Irak, como soldado del Ejército de los Estados Unidos durante la Operación Iraqi Freedom (2003-2005). A Él, que me preservó para este tiempo como ministro de Su Reino y me permitió aportar las experiencias vividas a las generaciones pasadas, presentes y futuras de siervos y ministros. A Él, toda la gloria.

A mi esposa, Elia E. Figueroa Aponte.

Por estar siempre presente y acompañarme en cada proyecto de vida a lo largo de estos treinta y cuatro años de existencia. Por ser esa muralla protectora ante los embates del enemigo, que no solo intentan alcanzarme a mí, sino también a nuestras hijas y a nuestra familia. Por tu fidelidad inquebrantable, por tu entrega constante, por tu amor firme y silencioso. Gracias por ser esposa, compañera y madre abnegada. Hoy honro tu amor y tus sacrificios.

A mis hijas y nietos: Joelisse Enid, Génesis Jaileen (allá en los cielos), Gabriela Giselle, Nathalie Camille y Les Lionel. *Ustedes son el motivo que me impulsa cada día a dar lo mejor de mí. Sus vidas son testimonio de la gracia de Dios, y su amor es mi mayor recompensa.*

PRÓLOGO

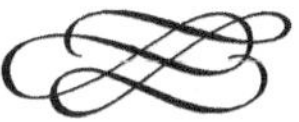

¡Felices los que en ti encuentran ayuda, los que desean peregrinar hasta tu monte! Cuando pasen por el valle de lágrimas, lo convertirán en manantial…

— **SALMO 84:5-7**

Hay lágrimas que nadie ve…
Pero que definen destinos eternos.
Hay dolores que no se predican,
heridas que no se confiesan,
y silencios que, aunque no hacen ruido,
Están quebrando almas desde adentro.

Vivimos en una generación que ha aprendido a sonreír en público… pero a desmoronarse en secreto. Y es precisamente en ese espacio invisible, donde este libro cobra vida.

Las lágrimas no son señal de debilidad. Son
evidencia de que algo dentro de nosotros
aún está vivo… y en proceso.

Las Sagradas Escrituras nos presentan la vida de José, un soñador que lloró más de lo que muchos predican.

Lloró en el rechazo.
Lloró en el proceso.
Lloró en el perdón.
Y lloró en el cumplimiento.
Cada lágrima no lo debilitó…
lo transformó.
José no lloró porque perdió…
lloró porque estaba siendo formado.

Pero este libro no se detiene en José…

Nos confronta con una de las verdades más profundas del Evangelio:

Jesús también lloró.

Sí, Jesucristo, el Hijo de Dios, el Verbo hecho carne, también experimentó el peso del dolor humano.

No evitó el llanto.

No lo ocultó.
No lo negó.
Lo redimió.

Como autora de este prólogo, doy testimonio no solo del contenido de esta obra, sino también del proceso que la dio a luz.

Desde el año 2010, he tenido el privilegio de servir como cobertura pastoral y espiritual del pastor, Dr. José García, acompañando de cerca su evolución ministerial, sus procesos más profundos y sus momentos de transición más determinantes.

He sido testigo de su paso de la vida militar a la vida civil, una transición que no solo implicó cambios externos, sino profundas confrontaciones internas, donde el dolor, el silencio y las preguntas marcaron etapas cruciales de su formación.

Asimismo, como catedrática de la Universidad Cristiana de Puerto Rico, fui testigo del rigor académico, la profundidad teológica y la carga espiritual con la que el autor desarrolló la investigación que hoy da forma a este libro.

Este escrito no nace de una inspiración momentánea, sino de un proceso sostenido, validado y presentado como tesis doctoral, lo que le confiere no solo peso espiritual, sino también fundamento académico sólido.

En "Jesús Lloró: Trauma, Estigma y Redención en la Pastoral", el autor no escribe desde la teoría… sino desde la vivencia, desde la herida procesada y desde la restauración alcanzada.

Este no es un libro cómodo.
Es un libro necesario.

Aquí no encontrarás respuestas superficiales, sino verdades que confrontan, sanan y restauran.

Porque hay lágrimas que, cuando son rendidas a Dios,
no caen en vano... se convierten en semillas de milagros.

Tal como lo declara el salmista, el valle de lágrimas no es el final… es el lugar donde nacen los manantiales.

Tu dolor no es el cierre de tu historia.
Es el comienzo de tu transformación.

Si alguna vez has sentido que tu proceso te rompió… si has cargado heridas en silencio… si has sido marcado por el trauma, el rechazo o el abandono… este libro no llegó a tus manos por casualidad.

Llegó como respuesta.

Porque al final, debes entender esto:

No todas las lágrimas son pérdida...
Algunas son el lenguaje de Dios para preparar tu propósito.

Dra. Marlyn Arroyo
Apóstol
Ministerio Apostólico REDES

AGRADECIMIENTOS

A mi amada esposa, Elia E. Figueroa Aponte.

Desde el día en que compartí contigo mi decisión de obtener el grado doctoral en Teología, me brindaste tu apoyo incondicional. Aun sabiendo lo cargada que era nuestra agenda como Pastores Generales, creíste al ciento por ciento en mí. Sin reproche alguno, me alentaste a seguir esforzándome y a no desanimarme, por difícil que resultara el proceso. Sin tu ayuda, comprensión e inspiración, la realización de este trabajo no habría sido posible. Tu amor y tu fe en mi llamado fueron el impulso que me sostuvo en cada jornada de estudio, oración y escritura.

A la Doctora Marlyn Arroyo y al Consejo Académico de la Universidad R.E.D.E.S., por la oportunidad de recibir una educación de excelencia que amplió mi visión teológica y fortaleció mi ministerio. Gracias por cultivar un espacio académico donde la fe y el conocimiento caminan juntos, y por ser instrumentos del Señor en mi desarrollo como ministro del Reino a tiempo completo.

Deseo también expresar mi gratitud a todos aquellos que, de forma anónima, me acompañaron con sus oraciones durante esta travesía. A los que participaron en el proceso de investigación, ofreciendo su tiempo para las entrevistas y encuestas que dieron forma a este proyecto. Sus aportaciones, muchas veces silenciosas, fueron esenciales para que este trabajo llegara a su cumplimiento.

A la familia Viera-Rodríguez, mis "Ángeles de la Guarda", Hnos. Julio y Lucy Viera, mis segundos padres. Los honro con mi vida y viviré eternamente agradecido por su amor y ejemplo. Llegaron a mi historia en los días turbulentos de mi juventud, cuando la vida me había negado tantas oportunidades, y vieron en mí lo que yo mismo no podía ver: el potencial del hombre de Dios y del profesional en el que, con el tiempo, me convertiría. Gracias por su fe, por su guía y por su constante apoyo, tanto en esta vida como (estoy seguro) más allá del sol.

A cada persona que, de una forma u otra, sembró en mí palabras de ánimo, enseñanzas o ejemplo. Este logro no me pertenece solo a mí; pertenece a todos los que creyeron en lo que Dios podía hacer con aquel joven imperfecto, pero dispuesto. A todos ustedes, con humildad y profundo cariño, gracias.

ÍNDICE

INTRODUCCIÓN: CUANDO DIOS DECIDIÓ LLORAR

Hay textos en la Biblia que se leen con la mente, pero se entienden con el alma. Este es uno de ellos. Dos palabras tan breves que caben en un suspiro, pero tan profundas que atraviesan toda la historia de la fe. "Jesús lloró." En esas lágrimas se esconde el misterio más tierno de Dios: el Todopoderoso no temió sentirse humano. Durante años, he visto lágrimas correr por los rostros de creyentes que aman a Dios, pero cargan heridas que la religión no siempre ha sabido entender. He escuchado a pastores confesar, en voz baja, su agotamiento; a líderes que predican esperanza mientras luchan con su propio vacío; a creyentes que oran en silencio para no ser malinterpretados. Y una y otra vez, esas voces me han llevado de regreso al mismo versículo: "Jesús lloró."

Este libro nace de ese encuentro. De la convicción de que las lágrimas no contradicen la fe, sino que la confirman. De la certeza de que la iglesia no está llamada a esconder el dolor, sino a redimirlo. Y de la urgencia pastoral de volver a una fe que abrace, escuche y acompañe. Jesús lloró, y al hacerlo, derrumbó los muros de la religión que exige perfección. Su llanto ante la tumba de Lázaro no fue debilidad, fue amor encarnado. No lloró porque había perdido la esperanza, sino porque amaba. Y ese amor (humano y divino al mismo tiempo) es el que sigue sosteniendo al mundo.

Las lágrimas de Cristo fueron el puente entre el cielo y la tierra; en ellas, el dolor del hombre se encontró con la compasión de Dios. Este libro no pretende ofrecer fórmulas, sino compañía. No busca teorizar el sufrimiento, sino iluminarlo. Cada capítulo es una invitación a mirar nuestras heridas sin miedo y a descubrir que Dios también está allí. Es un llamado a pastores, líderes y creyentes a dejar de negar sus lágrimas y comenzar a verlas como caminos de gracia.

A lo largo de estas páginas recorreremos el viaje del alma herida: hablaremos del trauma que deja cicatrices invisibles, del estigma que margina, del silencio que aprisiona y del ministerio que aprende a sanar mientras sirve. Exploraremos la cruz como el lugar donde el trauma encuentra redención y la iglesia como el hospital del alma que Dios soñó. Y en cada reflexión, volveremos al mismo punto de partida: Jesús lloró.

Cuando Dios decidió llorar, santificó nuestras lágrimas. Convirtió el dolor en oración, la debilidad en poder y la humanidad en testimonio. Llorar ya no es un acto de derrota, sino una forma de adoración. Las lágrimas se vuelven sacramento: señales visibles de una gracia invisible que sigue obrando en medio del quebranto. Mi oración es que, al leer estas páginas, sientas el permiso de llorar sin culpa, de sanar sin prisa y de creer sin pretender que todo está bien. Que recuerdes que Dios no espera perfección, sino sinceridad. Que descubras que la fe no siempre sonríe, pero siempre confía. Y que entiendas que cada lágrima que has derramado (sí, cada una) tiene un propósito eterno en las manos de Dios.

Jesús lloró, y en Su llanto nos enseñó el camino de la verdadera sanidad: el camino del amor que no teme sentir, del pastor que no teme acompañar y de la iglesia que no teme llorar con su gente. Porque solo una iglesia que sabe llorar será una iglesia que sabe sanar.

JESÚS LLORÓ: LO QUE SIGNIFICAN LAS LÁGRIMAS DE DIOS

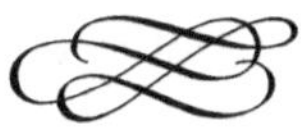

Jesús Lloró

— LUCAS 11:35

Hay frases en la Biblia que cambian la historia. Ninguna más breve ni más profunda que esta: *"Jesús lloró."* Dos palabras que contienen un universo de ternura, poder y revelación. En ellas, el Creador del cielo y de la tierra se detiene, no para hablar, sino para sentir. Dios no observa el sufrimiento desde lejos; no se refugia en el silencio de los cielos. Él entra en la escena humana, se conmueve, y llora.

Por siglos, la iglesia ha predicado sobre el Cristo que sana, libera y resucita, pero no siempre sobre el Cristo que llora. Sin embargo, esas lágrimas son más que una emoción humana; son una teología del acompañamiento. En Betania, el cielo se humedeció. Dios no solo vio la tumba de Lázaro, la sintió. No solo observó el dolor de María y Marta, lo cargó. Cuando el texto dice *"Jesús lloró"*, nos está revelando algo que trasciende la emoción: nos muestra a un Dios que se identifica con el trauma humano.

He sido creyente en Cristo Jesús desde 1977, cuando a mis diez años entregué mi corazón al Señor. Recuerdo aquel encuentro como si hubiera ocurrido ayer. Mientras los niños de mi edad jugaban con camiones de metal, yo reunía a mis primos para predicarles en el patio de casa. Pero detrás de esa niñez marcada por fe y curiosidad espiritual se escondía un niño herido. Hasta este momento de mi vida, he estado desviando la atención del verdadero dolor y sufrimiento vivido en mi etapa de niñez; producto de un hogar disfuncional. Un hogar donde el alcoholismo, el abuso físico y verbal de mi padrastro imperaban de forma rampante.

Aquel niño aprendió que llorar era peligroso. Que las lágrimas se interpretaban como debilidad o falta de fe. Que en la iglesia había que sonreír, aun cuando el alma sangrara. Pasé años guardando silencio, convencido de que mientras más callaba, más fiel era. Pero el tiempo me enseñó una verdad más poderosa: **si Jesús lloró, entonces mis lágrimas también son santas.**

En Betania, Jesús llega tarde. Lázaro ya ha muerto. Las hermanas lo reciben con el corazón roto. "Si hubieses estado aquí," le dicen, "mi hermano no habría muerto." En ese instante, el Hijo de Dios podría haber predicado sobre la soberanía divina, pero eligió llorar. El texto dice: "Jesús se estremeció en espíritu y se conmovió profundamente." Luego, sin más palabras, lloró.

¿Por qué llorar si sabía que en minutos resucitaría a Lázaro? Porque las lágrimas de Jesús no eran por la muerte, sino por el dolor. Lloró porque amaba. Lloró porque entendía. Lloró porque, aunque conocía el final de la historia, el sufrimiento humano merecía Su atención total. Aquellas lágrimas fueron una respuesta pastoral antes del milagro. No un gesto de debilidad, sino una revelación divina. Como escribí en mi investigación: "Las lágrimas no son un signo de derrota, sino la expresión más pura de nuestra humanidad redimida. Son el lenguaje de los que han amado profundamente."

Jesús, en su humanidad, sintió la pérdida. En su divinidad, cargó el peso de la humanidad entera. Cada lágrima fue una oración silenciosa a favor del mundo. En Betania, Dios se reconcilió con la emoción humana. Por siglos, la religión había enseñado a negar las emociones: "no temas", "no llores", "confía". Pero el Cristo que llora derriba esas paredes. Nos enseña que la fe no cancela el sentimiento, sino que lo redime.

En mi propio caminar ministerial, esa lección fue una liberación. El elemento ausente fue la falta de líderes capacitados para manejar los conflictos internos de la feligresía y para entonces la única forma de lidiar con todo asunto emocional era viéndolo como una intromisión demoníaca. En mi caso, para no ser catalogado como un rebelde, o impío; opte por vivir el dolor en silencio, partiendo de una falsa premisa. Años después entendí que no se puede pastorear sin llorar. Que no se puede sanar a otros sin haber sentido el propio dolor.

Las lágrimas de Jesús son un lenguaje pastoral. Nos enseñan que la verdadera autoridad espiritual no viene del control, sino de la empatía. Jesús no ofreció un discurso a Marta ni un versículo a María; les ofreció Su presencia. Eso es acompañamiento pastoral. Estar con alguien en su llanto sin intentar corregirlo ni acelerarlo. Cuando Jesús lloró, validó el sufrimiento de quienes lo rodeaban. Les enseñó que el dolor también puede ser un lugar sagrado.

El liderazgo espiritual contemporáneo necesita redescubrir el poder de las lágrimas. No hay credencial más auténtica que la compasión. El apóstol Pablo escribió: "Llorad con los que lloran." Jesús fue el primero en hacerlo. Su llanto fue un acto de comunión. Lloró con una familia herida, con una comunidad confundida, con un mundo quebrantado. En cada lágrima estaba el mensaje del Reino: *"No estás solo."*

El trauma humano no se sana con teología fría ni con clichés religiosos. Se sana en espacios donde el alma puede llorar sin ser juzgada. Cada lágrima que Jesús derramó fue una invitación a convertir la iglesia en un refugio seguro. Un lugar donde los heridos puedan respirar sin miedo. Una buena educación teológica orientada a pastores, líderes y laicos… contrarrestará la demonización y desinformación existente. Nuestra mayor contribución será propiciar un diálogo serio y reflexivo dentro de las comunidades de fe.

Cuando la iglesia entiende esto, deja de temer las emociones. Deja de fingir fortaleza y empieza a practicar sanidad. Llorar no es perder la fe. Llorar es reconocer que la fe está viva. Es la manera más honesta de decir: *"Dios, te necesito."* Las lágrimas limpian los ojos del alma para ver la esperanza.

Si Jesús lloró, entonces el dolor no nos descalifica, nos humaniza. Nos recuerda que la fragilidad también puede ser ministerio. La pastoral del siglo XXI necesita menos perfección y más humanidad. Necesita líderes que se atrevan a llorar con su gente. Que entiendan que el acompañamiento no se mide por respuestas, sino por presencia.

Las lágrimas de Cristo son una declaración eterna: la redención pasa por la empatía. En Betania, el Dios de la vida se conmovió ante la muerte. En la cruz, el Dios del cielo lloró por la humanidad. Su llanto fue preludio de resurrección. Así, cada lágrima derramada por amor se convierte en semilla de esperanza.

Y esa es la invitación de este libro: redescubrir el poder redentor del llanto. No un llanto sin propósito, sino uno que sana, reconcilia y transforma. Un llanto que, como el de Jesús, anuncia que el dolor no tiene la última palabra.

Señor, enséñanos a llorar sin vergüenza. A ver en nuestras lágrimas el reflejo de Tu compasión. Que nuestros ministerios no oculten el dolor, sino que lo transformen en consuelo. Haznos pastores que acompañen, no que juzguen. Líderes que abracen antes de corregir. Y cuando el peso del sufrimiento parezca insoportable, recuérdanos Betania: Tú también lloraste, y en Tu llanto nos diste esperanza. Amén.

Preguntas de reflexión

- ¿Qué produce en ti saber que Jesús lloró de manera real y visible?
- ¿Cómo ha influido tu imagen de Dios en la forma en que procesas el dolor?
- ¿Has sentido alguna vez que tu sufrimiento no era "espiritual" o aceptable delante de Dios?
- ¿Qué cambiaría en tu relación con Dios si entendieras que Él no huye de tu dolor, sino que lo acompaña?

CUANDO EL TRAUMA SE SIENTE COMO UN PESO IMPOSIBLE

Venid a mí todos los que estáis trabajados y cargados, y yo os haré descansar.

— MATEO 11:28

El trauma tiene muchas formas. A veces se presenta como silencio. Otras veces como una carga que parece no tener fin. Puede esconderse detrás de una sonrisa o de un "Dios te bendiga" pronunciado con cansancio. Para muchos creyentes, el trauma es el peso que se lleva en secreto: el recuerdo no resuelto, el duelo prolongado, la culpa que no se disipa. Es el peso invisible que se instala en el alma y nos hace sentir que algo dentro quedó atascado en el pasado.

Durante siglos, la iglesia ha predicado sobre la fe que mueve montañas, pero ha guardado silencio sobre los corazones que tiemblan. Hemos aprendido a resistir, a declarar victoria, a hablar de poder. Pero pocas veces hemos aprendido a reconocer el dolor como parte del discipulado. No todo lo que duele es falta de fe. A veces, el dolor es precisamente el lugar donde la fe se vuelve más real.

La desinformación, la ignorancia, y la demonización de los problemas de salud mental a través de la historia del cristianismo, han creado todo un andamiaje de terror y gran escepticismo.

Esa afirmación sigue pesando hoy. El silencio de la iglesia ante la salud mental ha permitido que miles de cristianos vivan sus batallas internas creyendo que están solos, o peor aún, que su fe no es suficiente.

Cuando hablo de trauma, me refiero (como expuse en el trabajo doctoral) a una herida profunda que puede ser emocional, espiritual o social. El trauma altera la manera en que pensamos, sentimos y reaccionamos ante la vida. Puede nacer de una pérdida, un abuso, un accidente, una guerra o una traición. En palabras simples: el trauma ocurre cuando lo que vivimos supera nuestra capacidad de procesarlo.

Yo lo he conocido de cerca. Lo vivi durante los 547 días en el desierto de la Antigua Babilonia, marcó un antes y un después en mi vida… Soy veterano de guerra, y para la gloria de Dios, soy un ministro competente del Reino de Dios, y sé lo que es vivir con PTSD.

Aquel desierto no solo fue geográfico, fue emocional y espiritual. Las balas no siempre se oyen. Algunas se alojan en el alma. El trauma de la guerra no terminó cuando regresé del campo de batalla; continuó en mis noches, en mis pensamientos, en mis silencios. Entendí entonces que muchas de las guerras más duras no se libran afuera, sino dentro de nosotros.

La ciencia define la salud mental como el bienestar emocional, psicológico y social que afecta la forma en que pensamos, sentimos y actuamos cuando enfrentamos la vida. Determina cómo manejamos el estrés, nos relacionamos con los demás y tomamos decisiones. Y la salud mental, al igual que la salud espiritual, debe ser cuidada, atendida y comprendida.

Una de las emociones más comunes en quienes viven con trauma es el estrés, lo defino como "un estado de preocupación o tensión mental generado por una situación difícil. Es una respuesta natural a las amenazas y estímulos." El estrés, si no se maneja correctamente, se convierte en un enemigo silencioso que afecta el cuerpo, la mente y la fe. No todo estrés es malo, pero el estrés crónico rompe el equilibrio interno. Y cuando no se procesa adecuadamente, se convierte en terreno fértil para la ansiedad, la desesperanza y el agotamiento espiritual.

La ansiedad, según el documento original, "es el resultado de la reacción al miedo o al estrés. Es normal manifestar cierto grado de ansiedad en ocasiones; pero cuando la ansiedad se prolonga, constante y persistentemente, se convierte en un desorden." Este tipo de ansiedad (tan común en pastores, líderes y servidores) puede hacer que las oraciones se sientan vacías y que el descanso parezca imposible. Muchos la ocultan tras el servicio ministerial, repitiendo versículos mientras su mente busca desesperadamente calma.

Otro cuadro frecuente es la depresión, la defino como "una enfermedad común pero grave que interfiere con la vida diaria, con la capacidad para trabajar, dormir, estudiar, comer y disfrutar de la vida." Puede manifestarse con tristeza persistente, pérdida de energía o incapacidad para disfrutar de aquello que antes daba placer. En el lenguaje espiritual, la depresión se ha confundido muchas veces con una "falta de gozo", cuando en realidad puede ser un llamado del cuerpo y del alma a detenerse y sanar.

Finalmente, el trastorno de estrés postraumático (PTSD) es descrito así: "Se presenta luego de haber vivido un evento emocionalmente traumático. Se caracteriza por ansiedad, 'flashbacks' recurrentes, pesadillas, e irritabilidad constante. La persona experimenta aceleramiento del corazón, miedo y recuerdos intrusivos del evento." Esta definición, que escribí desde mi propia experiencia, refleja la realidad de muchos ministros que han vivido pérdidas, guerras, abusos o duelos ministeriales no resueltos. El PTSD no solo afecta a soldados; afecta a pastores que han visto partir a su gente, a líderes que han sido traicionados, a familias que han perdido todo y siguen sirviendo desde su herida.

El trauma pastoral (ese peso de ministrar mientras se está herido) es una de las realidades más ignoradas dentro del liderazgo cristiano. La cultura eclesial ha enseñado que el ministro debe ser fuerte, inquebrantable, y "ungido" en todo momento. Pero Jesús mostró otra forma de liderazgo: uno que no oculta el dolor, sino que lo redime.

El mismo Cristo que lloró en Betania y sudó sangre en Getsemaní entiende perfectamente el trauma humano. En Él, la teología y la psicología se reconcilian. No existe contradicción entre buscar ayuda profesional y buscar la presencia de Dios. Ambas pueden coexistir como expresiones complementarias de la gracia. Jesús, el reconciliador entre el psicoanálisis y el extremismo religioso... vivió y venció en carne propia el dolor y sufrimiento de la humanidad.

Ese es el corazón de este mensaje: Dios no está peleado con la ciencia, está presente en el proceso de sanidad. El alma necesita tanto oración como orientación, tanto intercesión como terapia. Y el pastor, el líder, el creyente común, todos deben comprender que sanar también es espiritual.

La iglesia de hoy necesita volver a ver el sufrimiento con los ojos de Jesús. No para idealizarlo, sino para acompañarlo. Job, José y David conocieron el dolor y aprendieron que el trauma puede convertirse en testimonio. Job perdió todo y aún pudo decir: "De oídas te había oído, mas ahora mis ojos te ven." José fue vendido por sus hermanos, pero un día dijo: "Vosotros pensasteis mal contra mí, mas Dios lo encaminó a bien." David, entre lágrimas, escribió: "En paz me acostaré y asimismo dormiré, porque solo tú, Jehová, me haces vivir confiado."

Estas historias nos recuerdan que el trauma no tiene la

última palabra. Las lágrimas no son el final, sino el principio de una nueva revelación. Si Jesús lloró, nosotros también podemos llorar. Si Jesús sanó, también puede sanar nuestras memorias.

El trauma se siente como un peso imposible, pero no es eterno. Cada carga, cuando se entrega a Cristo, se convierte en semilla de redención. En el Reino de Dios, nada se desperdicia: ni el dolor, ni las pérdidas, ni las noches oscuras. Todo puede transformarse en testimonio si se entrega en las manos del que lloró y venció.

El descanso que Jesús promete no significa olvido. No dice "deja de sentir", sino "ven a mí con todo lo que sientes". El alma encuentra descanso cuando se permite ser abrazada por la verdad: que no estamos solos, que no tenemos que fingir fortaleza, que aún el trauma más profundo puede ser sanado por el toque compasivo del Maestro.

En cada lágrima hay una historia. En cada herida, una posibilidad. Y en cada trauma, una promesa de redención. Porque si el Hijo de Dios lloró, también el Hijo de Dios puede sanar.

Preguntas de reflexión

- ¿Cómo defines el trauma a la luz de tu propia historia?
- ¿Hay heridas en tu vida que nunca has nombrado por miedo o vergüenza?

- ¿De qué maneras el trauma ha impactado tu fe, tu identidad o tus relaciones?
- ¿Qué significa para ti permitir que Dios entre en esas memorias dolorosas?

EL ESTIGMA: LAS ETIQUETAS QUE HIEREN MÁS QUE EL DOLOR

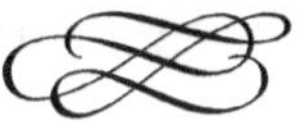

No juzguéis según las apariencias, sino juzgad con justo juicio.

— JUAN 7:24

Hay heridas que no sangran, pero nunca dejan de doler. Entre ellas, el estigma.

No se ve, no siempre se nombra, pero tiene el poder de aislar, avergonzar y desfigurar la identidad de quien lo sufre. En muchas iglesias, el estigma se ha disfrazado de prudencia o de discernimiento espiritual, cuando en realidad es miedo. Miedo a lo diferente, a lo incomprendido, a lo que rompe nuestras estructuras religiosas.

El estigma es un conjunto de creencias negativas y a menudo injustas que las personas tienen sobre determinado tema o asunto. Nace del miedo y la desinformación.

Es el juicio que convierte una lucha en pecado. Es la

mirada que señala en lugar de sanar. Es el lenguaje que clasifica antes de comprender.

Rechazo, aislamiento y vergüenza: esas son las tres columnas del estigma.

- El rechazo separa a quien sufre.
- El aislamiento lo encierra en el silencio.
- La vergüenza le impide pedir ayuda.

Por siglos, el estigma ha herido más que la enfermedad misma. Muchos creyentes prefieren callar su ansiedad, su depresión o su agotamiento espiritual por temor a ser malinterpretados.

> "Las personas evitan o retrasan la búsqueda de tratamiento porque temen ser tratadas de forma distinta o de perder su sustento. Tanto el estigma, los prejuicios y la discriminación contra las personas con enfermedad mental se han convertido en un verdadero problema, causando grandes daños."

Este problema no es nuevo. En la historia del cristianismo, el estigma se convirtió en parte del discurso religioso. Lo diferente fue visto como peligroso. Durante la Inquisición Española (una de las instituciones más represivas de todos los tiempos) se castigó no solo la herejía, sino también la diferencia. Quienes mostraban comportamientos fuera de lo normal eran acusados de posesión demoníaca o locura espiritual.

> "La Inquisición española fue una de las instituciones represivas más grandes de todos los tiempos. Durante trescientos años, castigó a quienes consideraban heréticos, locos o endemoniados. El aparato religioso se convirtió en la principal fuente de opresión espiritual e institucional del Estado; disparándose vertiginosamente los casos de 'locura' entre la población, especialmente entre los que lograban sobrevivir."

Aquel miedo institucionalizado aún respira en algunas congregaciones. Se manifiesta en la forma en que juzgamos lo que no entendemos: una mujer divorciada, un pastor agotado, un joven con ansiedad, una familia rota. El estigma es la herencia de una iglesia que no siempre supo distinguir entre pecado y sufrimiento.

> "Durante siglos, la demonización de la enfermedad mental como un mal espiritual ha perpetuado la marginación del enfermo y la ignorancia dentro de la iglesia."

"El problema radica en que la fe mal enseñada puede convertirse en instrumento de represión. La falta de conocimiento y la mala interpretación teológica han provocado el sufrimiento innecesario de miles de creyentes, que han sido etiquetados, juzgados y apartados por causas que nunca debieron ser tratadas como pecado."

La Biblia, sin embargo, ofrece otra perspectiva. En los evangelios encontramos historias donde el estigma fue más cruel que la enfermedad.

La mujer con flujo de sangre vivió doce años apartada. Su condición no solo la debilitó físicamente; la convirtió en impura ante la sociedad. Nadie podía tocarla. Nadie podía abrazarla. La religión la había declarado contaminante. Pero Jesús rompió esa frontera. Ella se acercó en secreto, tocó el borde de su manto y fue sanada. Jesús no solo restauró su cuerpo, restauró su dignidad. La llamó "Hija". En una sola palabra deshizo doce años de exclusión.

Lo mismo ocurrió con los leprosos. Marginados, rechazados, forzados a vivir lejos de todo contacto humano. Cuando diez de ellos clamaron a Jesús, Él no los evitó. Los miró, los tocó y los envió restaurados. Su toque fue más que físico; fue teológico. Con un gesto, Jesús desafió la ley cultural que separaba a los "puros" de los "impuros". Mostró que la compasión está por encima del ritual.

Pedro también conoció el peso del estigma, pero desde otro lugar: la culpa. Negó al Maestro tres veces y se sintió indigno de seguirlo. Podría haberse convertido en símbolo de fracaso y vergüenza. Sin embargo, Jesús lo buscó, no para acusarlo, sino para restaurarlo. Frente al mar de Tiberíades, le preguntó tres veces: "¿Me amas?" Cada pregunta borró una negación. Pedro no fue etiquetado por su caída, sino comisionado desde su restauración.

Estas historias revelan el corazón de Dios ante el estigma. Donde la religión ve impureza, Cristo ve oportunidad. Donde la comunidad ve fracaso, Cristo ve propósito. Donde los demás señalan, Él se acerca.

Hoy, el estigma sigue operando en la iglesia de formas más sutiles, pero igual de dañinas. Cuando alguien sufre abuso, se duda de su testimonio. Cuando alguien atraviesa enfermedad mental, se le acusa de falta de fe. Cuando una familia experimenta divorcio, se les reduce a estadísticas. Cuando un líder enfrenta fracaso ministerial, se le borra de la memoria colectiva. El lenguaje cambia, pero la herida es la misma: la comunidad que debería sanar se convierte en el lugar del señalamiento.

> "Cuando hablamos de la sociedad hispana o latina, el tema de la salud mental es visto como tabú. Puede ser

> considerado un signo de debilidad o locura. Esto redunda en una mayor deficiencia en la salud mental, toda vez que ya han sido discriminados en el hogar y en sus empleos."

La iglesia, llamada a ser refugio, no puede repetir los mismos patrones. El llamado pastoral es claro: ver con los ojos de Cristo, no con prejuicios. Jesús nos enseñó que la compasión es más poderosa que el juicio. Que la empatía abre puertas donde la crítica las cierra. Que acompañar no es justificar el pecado, sino redimir al pecador.

En Su ejemplo, la pastoral del acompañamiento encuentra su fundamento: la mirada que restaura, no la que condena. Un líder espiritual no está llamado a catalogar a su gente, sino a comprenderla. No a decidir quién es digno de ayuda, sino a recordar que todos somos necesitados de gracia.

Cuando una iglesia aprende a ver con ojos de misericordia, el estigma pierde su poder.

La comunidad de fe debe transformarse en un lugar seguro donde cada persona pueda decir "estoy herido" sin temor a ser rechazada.

Donde el divorciado encuentre apoyo, el enfermo descanso, el caído restauración.

Una iglesia que llora y sana con su gente no necesita máscaras. Vive en la verdad de un Dios que llora con los que lloran y restaura a los que tropiezan. El estigma hiere más que el dolor porque roba la esperanza. Pero la gracia la devuelve. En Cristo, las etiquetas se caen. Las historias se redimen.

Y la iglesia recupera su rostro más hermoso: el de un hospital para almas, no un tribunal para culpables. Que cada creyente recuerde esto: Jesús sigue tocando al marginado, sigue restaurando al caído, sigue llamando "hijo" al que fue olvidado. Cada vez que Su iglesia hace lo mismo, el Evangelio vuelve a brillar en su forma más pura.

Preguntas de reflexión

- ¿Has experimentado rechazo, aislamiento o vergüenza dentro de la comunidad de fe?
- ¿Has sido consciente de momentos en los que tú mismo has estigmatizado a otros, aun sin intención?
- ¿Qué enseñan los relatos bíblicos estudiados sobre la forma en que Jesús responde al estigma?
- ¿Cómo puedes aprender a ver a las personas con los ojos de Cristo y no desde el prejuicio?

CUANDO EL SILENCIO SE VUELVE UNA CÁRCEL

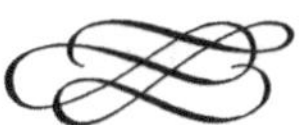

Y estando en agonía, oraba más intensamente; y era su sudor como grandes gotas de sangre que caían hasta la tierra.

— LUCAS 22:44

El silencio puede ser sagrado o mortal. Puede sanar o destruir. En el alma humana, el silencio se convierte en refugio cuando se elige, pero en prisión cuando se impone.

Muchos creyentes viven atrapados en una cárcel invisible: la del silencio forzado, el de las cosas que nunca se dicen, las lágrimas que nunca se nombran, las heridas que se esconden detrás de palabras piadosas.

Durante años, en la iglesia, se ha confundido el silencio con madurez espiritual. Se nos enseñó que callar el dolor era una forma de fe, que hablar del sufrimiento era falta de confianza en Dios. Pero la Escritura muestra otra realidad: el Dios de la Biblia nunca pidió silencio al alma herida.

> "En la historia de la iglesia, el silencio fue muchas veces utilizado como mecanismo de control. Se enseñó que los problemas emocionales o psicológicos debían esconderse, que el sufrimiento debía enfrentarse en privado, y que todo lo que incomodaba al liderazgo o a la doctrina debía ser callado. Este tipo de represión emocional produjo generaciones enteras de creyentes fracturados, incapaces de hablar de su dolor sin sentir culpa o vergüenza."

El silencio se disfraza de obediencia, pero es miedo. Silencio por temor a perder la reputación. Silencio por miedo a ser juzgado. Silencio porque se cree que hablar contradice la fe.

Sin embargo, el alma humana no fue diseñada para callar eternamente. Todo lo que no se expresa termina enfermando el espíritu.

> "El silencio espiritual dentro de la iglesia ha sido uno de los factores que más daño ha causado al bienestar emocional de los creyentes. Callar el dolor, reprimir la tristeza o esconder el trauma no produce sanidad, sino represión. Y la represión, tarde o temprano, se transforma en angustia, ansiedad o desesperanza."

Jesús conoció el silencio en su forma más dolorosa.

En Getsemaní, el Hijo de Dios se arrodilló en agonía. No ocultó su angustia, no pretendió fortaleza. Le habló al Padre con sinceridad: *"Padre, si es posible, pasa de mí esta copa."*

En esa oración no hay negación, hay vulnerabilidad. Cristo no calló su dolor, lo entregó. No reprimió su angustia, la expresó en intimidad.

El cielo no castigó su honestidad; la redimió.

Getsemaní es el antídoto contra el silencio religioso.

Allí, Jesús nos enseñó que la fe auténtica no teme hablar desde el quebranto. El silencio no fue Su lenguaje; la oración honesta sí lo fue.

> "El miedo a hablar del dolor ha sido la trampa más efectiva del enemigo dentro de la iglesia. Satanás no necesita destruir al creyente, basta con convencerlo de que debe callar. El silencio prolongado da lugar a la culpa, y la culpa, al aislamiento. Este patrón ha mantenido cautivos a muchos líderes, pastores y siervos de Dios que sufren en secreto."

EL SILENCIO DE LAS VÍCTIMAS TAMBIÉN ES EL SILENCIO DE LA IGLESIA.

Cuando la comunidad calla ante la injusticia, el abuso o el trauma, se convierte en cómplice del dolor. Cada vez que se minimiza el sufrimiento de otro en nombre de la fe, se levanta un muro entre el herido y la gracia.

> "Durante siglos, la cultura eclesiástica ha protegido la imagen institucional más que la salud espiritual de sus miembros. El silencio ante el abuso, la negación del trauma y la falta de empatía pastoral han contribuido a perpetuar la herida. Se predica sobre el perdón, pero no sobre la restauración; se exalta la obediencia, pero se olvida la justicia."

Dios nunca bendice el silencio que encubre. En la Biblia, cada vez que un profeta rompió el silencio, la verdad trajo libertad. Moisés habló frente a Faraón. Elías denunció la idolatría. Jeremías lloró y gritó su dolor sin ser rechazado por Dios. Jesús mismo rompió siglos de tradición religiosa para liberar a quienes vivían oprimidos por sistemas injustos.

Romper el silencio es un acto de fe, no de rebeldía.

Es creer que la verdad de Dios puede sanar lo que el miedo

intenta ocultar. Hablar del dolor no lo multiplica, lo expone a la luz donde el Espíritu Santo puede obrar.

> "La iglesia está llamada a ser un espacio donde se pueda hablar sin temor. Donde el dolor no sea etiquetado, sino acompañado. Donde los pastores y líderes modelen con su ejemplo la vulnerabilidad, enseñando que callar no siempre es sabio y que confesar no siempre es debilidad."

EL SILENCIO PASTORAL TAMBIÉN NECESITA REDENCIÓN.

Muchos líderes guardan su propio dolor en nombre del ministerio. Predican libertad mientras luchan con ansiedad. Aconsejan a otros mientras ellos mismos están al borde del agotamiento. Y en ese esfuerzo heroico por sostenerlo todo, terminan rompiéndose por dentro.

> "La doble carga de los pastores (servir mientras sangran) se ha normalizado en la cultura ministerial. El precio del silencio pastoral es alto: familias fragmentadas, fe debilitada y comunidades confundidas. La vulnerabilidad de los líderes debe ser vista no como

> debilidad, sino como testimonio de dependencia divina."

Romper el silencio no es escándalo; es sanidad. Es declarar que el sufrimiento humano no es enemigo de la fe, sino el terreno donde Dios demuestra su poder redentor. Una iglesia que aprende a hablar con verdad se convierte en un lugar seguro. Una comunidad que se atreve a nombrar el dolor abre las puertas a la restauración.

Jesús, en Getsemaní, no pidió que se le admirara; pidió compañía. Dijo a sus discípulos: *"Velad conmigo."* No necesitaba un sermón, necesitaba presencia. Eso es lo que el alma herida anhela hoy: no respuestas, sino acompañamiento.

> "Romper el silencio es un acto de justicia espiritual. Cada palabra dicha desde el dolor abre un camino de redención para otros que aún no se atreven a hablar. El ministerio del acompañamiento comienza cuando la iglesia deja de tener miedo a escuchar."

El silencio fue la cárcel del alma de muchos. Pero Cristo vino a liberar cautivos.

Y la liberación comienza cuando la verdad se pronuncia, cuando la víctima es escuchada, cuando el pastor se atreve a decir: *"yo también he sufrido."* La pastoral del acompañamiento no se trata de tener soluciones, sino de ofrecer presencia. El líder que escucha con empatía representa el corazón del Maestro que nunca huyó del dolor humano. El evangelio no se sostiene sobre silencios, sino sobre verdades que sanan.

El silencio se vuelve una cárcel cuando la fe se confunde con represión. Pero cuando el Espíritu Santo toma el control, el silencio se transforma en testimonio. Hablar, llorar, confesar y sanar son expresiones de un mismo milagro: la libertad en Cristo.

Preguntas de reflexión

- ¿Qué cosas te han llevado a callar tu dolor en lugar de expresarlo?
- ¿Confundes a veces el silencio con fortaleza espiritual?
- ¿Qué consecuencias has visto cuando el dolor no se expresa ni se acompaña?
- ¿Qué pasos prácticos puedes dar para romper el silencio de manera segura y saludable?

SANANDO MIENTRAS SEGUIMOS SIRVIENDO

Tenemos este tesoro en vasos de barro, para que la excelencia del poder sea de Dios, y no de nosotros.

— 2 CORINTIOS 4:7

Hay momentos en los que servir se siente como sangrar. El cuerpo está de pie, la voz predica, las manos oran, pero el alma apenas resiste. El pastor sonríe mientras por dentro se derrumba. El líder ministra mientras carga dolores que nunca ha confesado.

Esta es la doble carga del ministerio: guiar mientras se sangra.

Por siglos, la iglesia ha admirado a los líderes que parecen fuertes, inquebrantables, siempre en control. Pero detrás de muchos púlpitos hay heridas abiertas. La presión de ser ejemplo, la expectativa constante de tener respuestas, la soledad del que escucha a todos pero a quien pocos escuchan, termina erosionando la salud emocional y espiritual de quienes sirven.

> "La doble carga de los pastores (servir mientras sangran) se ha normalizado en la cultura ministerial. El precio del silencio pastoral es alto: familias fragmentadas, fe debilitada y comunidades confundidas. La vulnerabilidad de los líderes debe ser vista no como debilidad, sino como testimonio de dependencia divina."

La carga del ministerio no solo está en el trabajo visible, sino en el peso invisible de las almas que se pastorean. Cada conversación, cada consejo, cada problema no resuelto, deja una huella. El pastor muchas veces absorbe el dolor de otros sin tener un lugar donde depositar el suyo. Y cuando esa carga no se maneja con sabiduría y acompañamiento, el alma se agota.

LOS VASOS DE BARRO

Pablo entendió el ministerio desde la fragilidad. En su carta a los corintios escribió una de las confesiones más humanas del Nuevo Testamento:

> "Tenemos este tesoro en vasos de barro, para que la excelencia del poder sea de Dios, y no de nosotros."

El apóstol no se presentó como héroe espiritual, sino como recipiente frágil de una gloria eterna. El barro no impresiona; se quiebra con facilidad. Pero el barro tiene memoria: guarda forma cuando el Alfarero lo moldea.

Así también el ministro de Cristo. La fragilidad no lo descalifica; lo recuerda. Le recuerda que el poder no es suyo, que la iglesia no es suya, que la gloria no es suya.

> "El liderazgo pastoral efectivo no nace de la fortaleza, sino de la dependencia. Quien aprende a ministrar desde su debilidad entiende que la gracia de Dios no elimina el dolor, lo transforma."

Pablo habló de una paradoja que todo ministro debe comprender: somos portadores de un tesoro eterno en un cuerpo que se cansa, en una mente que se preocupa, en un corazón que se hiere.

El apóstol escribió:

> "Por todos lados somos atribulados, pero no angustiados; en apuros, pero no desesperados; perseguidos, pero no desamparados; derribados, pero no destruidos."

Cada frase es una confesión pastoral. No negó el sufrimiento, lo abrazó como parte del llamado.

No se justificó en su fuerza, sino en la gracia que lo sostenía.

La teología del barro enseña algo vital: el quebranto no es evidencia de fracaso, sino de humanidad. Y cuando esa humanidad se rinde ante Dios, se convierte en poder. Dios no usa vasos perfectos, usa vasos disponibles.

MINISTRAR DESDE LA FRAGILIDAD

El ministerio desde la fragilidad no es una renuncia a la excelencia, sino una invitación a la autenticidad. El líder que sirve desde su herida comprende la profundidad del dolor ajeno. El que ha llorado con sinceridad puede acompañar a otros sin juicios. El que ha conocido el desierto sabe cómo guiar a los que están sedientos. Jesús es el ejemplo supremo de ministerio desde la fragilidad.

Sirvió con el conocimiento de la traición, amó sabiendo que sería rechazado, caminó hacia la cruz con lágrimas. Su servicio no fue desde la abundancia emocional, sino desde la entrega total. Y en ese modelo aprendemos que servir no siempre es actuar con fuerza, sino con fidelidad.

"Dios usa nuestras cicatrices como testimonio de Su fidelidad. No es la perfección lo que inspira al pueblo de

Dios, sino la transparencia. Cuando un líder se atreve a reconocer su humanidad, abre las puertas a una comunidad más sana, más compasiva y más real."

Cada herida redimida se convierte en herramienta. Cada lágrima se transforma en lenguaje pastoral. El ministro que ha sido quebrado puede acompañar con ternura. No necesita impresionar, necesita amar. Ministrar desde la fragilidad significa aceptar que la vulnerabilidad no contradice la autoridad espiritual. De hecho, la fortalece.

LA AUTORIDAD NO PROVIENE DEL TÍTULO, SINO DEL TESTIMONIO.

Cuando un pastor admite su cansancio, enseña a su pueblo que la fe no niega la fatiga, sino que la presenta ante Dios. El peligro está en el extremo: ni el exhibicionismo del dolor, ni el silencio total. El primero busca atención; el segundo produce muerte interior. El equilibrio está en la honestidad guiada por el Espíritu: mostrar lo suficiente para enseñar, callar lo necesario para proteger. Balance entre vulnerabilidad y responsabilidad

El ministerio saludable no niega la vulnerabilidad, pero tampoco la utiliza como excusa. Ser vulnerable no es exponerlo todo, sino reconocer que se necesita ayuda. Ser responsable no es aparentar fortaleza, sino cuidar lo que Dios ha confiado.

> "El proceso de sanidad emocional y espiritual en el ministerio debe ser continuo. Negarlo es alimentar la hipocresía; abrazarlo es abrir la puerta a una espiritualidad más auténtica. La vulnerabilidad del líder no disminuye su autoridad, la humaniza."

El pastor que se cuida honra su llamado. El líder que pide ayuda enseña humildad. El siervo que reconoce sus límites modela sabiduría. Dios no espera ministros que todo lo puedan, sino hijos que dependan de Él. Por eso la Escritura insiste: *"Bástate mi gracia; porque mi poder se perfecciona en la debilidad."*

LA VERDADERA FORTALEZA NO ESTÁ EN NO SENTIR, SINO EN NO RENDIRSE.

Servir y sanar son verbos que caminan juntos. Sanar no significa detener el ministerio, sino hacerlo con un corazón consciente de su propia necesidad de gracia. El líder que se sana mientras sirve no es incoherente; es obediente. Reconoce que el poder viene de Dios y que, aun en medio del dolor, puede ser canal de esperanza.

"El ministerio pastoral requiere un equilibrio constante entre la entrega espiritual y el cuidado personal. El error ha sido creer que servir a Dios significa olvidarse de uno mismo. Este pensamiento ha causado agotamiento, frustración y crisis en la vida de muchos ministros."

APLICACIÓN PASTORAL

1. **Reconoce tus límites.**
   - No puedes dar lo que no tienes. La salud espiritual del rebaño depende también de la del pastor.
2. **Busca espacios de cuidado.**
   - Todo ministro necesita un mentor, un confidente o un terapeuta que lo escuche sin juzgar. Sanar no es falta de fe; es obediencia.
3. **Practica el descanso.**
   - Dios ordenó el sabbat, no como una sugerencia, sino como un principio de preservación. Servir sin descanso es desobediencia disfrazada de devoción.
4. **Aprende a delegar.**
   - No todo debe pasar por tus manos. La humildad también se manifiesta en permitir que otros sirvan.

5. **Habla con honestidad.**
   - Predica desde tus cicatrices, no desde tus máscaras. La gente no necesita héroes, necesita pastores humanos.

Sanar mientras seguimos sirviendo no es una contradicción, es el corazón mismo del ministerio cristiano. Porque el que sirve desde la herida aprende que la gracia de Dios no solo restaura, sino que sostiene. La meta no es ministerios sin dolor, sino corazones que se mantienen tiernos en medio del dolor. El verdadero milagro no siempre es que Dios quite la herida, sino que nos permita seguir sirviendo con ella, transformándola en testimonio de Su fidelidad.

Cada pastor, cada líder, cada creyente que se atreve a reconocer su fragilidad se convierte en un faro de esperanza. Porque cuando servimos mientras sanamos, el Evangelio se hace visible: un Dios que usa barro para mostrar Su gloria, un Cristo que sirve desde la cruz, y un Espíritu que sostiene a los cansados con poder que no es humano, sino divino. Servir mientras sanamos es recordar que la gracia no nos exime de la fragilidad, nos acompaña en ella. Es permitir que las cicatrices se conviertan en predicación viva. Es reconocer que la iglesia no necesita héroes, sino pastores que sepan llorar, líderes que sepan escuchar y servidores que sepan depender. Y en esa dependencia, el poder de Dios brilla con más fuerza que nunca.

Preguntas de reflexión

- ¿Te identificas con la idea de servir mientras sangras? ¿Por qué?
- ¿Cómo interpretas la imagen bíblica de los "vasos de barro" en tu vida y ministerio?
- ¿Te permites ser vulnerable o sientes que debes aparentar fortaleza constante?
- ¿Qué equilibrio necesitas desarrollar entre responsabilidad ministerial y cuidado personal?

LA CRUZ: EL LUGAR DONDE EL TRAUMA ENCUENTRA REDENCIÓN

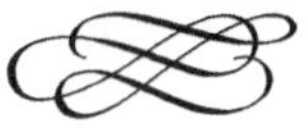

Porque para mí el vivir es Cristo, y el morir es ganancia.

— FILIPENSES 1:21

La cruz es el lugar donde todo el dolor humano se encuentra con el amor perfecto de Dios. Es el punto donde la vergüenza se convierte en gloria, el trauma en testimonio y la herida en esperanza. No hay símbolo más poderoso ni más incomprendido en la historia de la fe. En ella se unen el sufrimiento humano y la redención divina.

A lo largo de la historia, muchos han intentado entender el misterio de la cruz desde la razón. Pero la cruz no se explica, se experimenta. Es el lugar donde la justicia y la misericordia se abrazan. Donde el Creador carga con el peso de la creación herida. Donde el inocente decide identificarse con los culpables. La cruz es el momento en que Dios entra al trauma humano y lo transforma desde adentro.

> "La cruz es el punto de encuentro entre el sufrimiento del hombre y el amor de Dios. Es en ella donde el dolor deja de ser un fin en sí mismo y se convierte en el medio por el cual el ser humano es redimido. La cruz no elimina el sufrimiento, lo redime."

Toda historia de trauma tiene algo en común con el Calvario: ambas contienen dolor, injusticia y abandono. Jesús conoció cada uno de ellos. Fue traicionado por un amigo, abandonado por sus discípulos y ridiculizado por los que había venido a salvar. En la cruz, experimentó el silencio del cielo. No fue un mártir derrotado, sino un Salvador que decidió entrar en el dolor del mundo para darle sentido.

> "Cristo, siendo inocente, cargó con el peso del dolor humano. Su sacrificio no fue solo expiatorio, fue empático. En Él, Dios no solo perdona, también acompaña. No solo salva, también sana."

La cruz nos enseña que el sufrimiento no siempre se elimina; muchas veces se transforma. El trauma humano encuentra en ella una respuesta divina. Cada lágrima, cada pérdida, cada herida, se convierte en semilla de redención cuando se lleva al Calvario. Allí, el dolor no se niega, se entrega.

El trauma no desaparece cuando creemos, sino cuando lo llevamos al lugar correcto. Jesús no evitó la cruz; la abrazó. Y al hacerlo, dignificó todo sufrimiento humano. El dolor dejó de ser un castigo y se convirtió en el punto de encuentro entre Dios y el hombre.

> "El creyente no es llamado a negar su trauma, sino a reinterpretarlo a la luz de la cruz. La sanidad no ocurre al borrar el pasado, sino al permitir que Cristo entre en él. La redención no elimina la memoria del dolor, la transforma en propósito."

Cada creyente tiene su propio Gólgota: ese lugar donde se enfrenta al límite de su fuerza y donde la única opción es rendirse al amor de Dios. La cruz nos enseña que rendirse no es fracasar, sino confiar. Que cuando todo parece perdido, el cielo sigue escribiendo una historia nueva.

Jesús murió con heridas visibles, y resucitó con cicatrices. No las ocultó; las mostró. Sus manos perforadas se convirtieron en prueba de victoria. Sus heridas no desaparecieron, fueron transformadas. En el Reino de Dios, las cicatrices no son signo de vergüenza, sino de gloria.

"En la resurrección de Cristo se revela el poder de un Dios que no borra las cicatrices, las redime. Las manos traspasadas del Salvador son la evidencia eterna de que el dolor puede tener un propósito."

El trauma encuentra redención cuando deja de definirse por el dolor y comienza a definirse por la gracia. La cruz es el único lugar donde el sufrimiento humano se encuentra con un amor que no huye, que no juzga, que no abandona. En ella, la ira se convierte en perdón y la desesperanza en fe.

La diferencia entre superar y ser redimido es profunda. Superar implica dejar atrás, olvidar, avanzar sin mirar. Ser redimido, en cambio, significa mirar al pasado con ojos nuevos, sabiendo que Dios lo ha transformado. La redención no borra la historia; le da significado.

"El propósito de la redención no es borrar el dolor, sino santificarlo. La sanidad que proviene de la cruz no consiste en olvidar, sino en recordar sin sufrir, en mirar la herida y ver en ella la fidelidad de Dios."

Por eso, cada creyente que camina hacia la cruz encuentra algo más que consuelo: encuentra identidad. En el sufrimiento de Cristo, descubrimos que nuestro dolor no es ajeno al cielo. Que el Dios que nos llama también lloró. Que el Salvador que sana también sangró.

La cruz es la respuesta de Dios al trauma del mundo. No ofrece explicaciones, ofrece presencia. No promete ausencia de dolor, promete compañía eterna.

Cuando el creyente lleva su trauma a la cruz, no sale igual. Sale transformado. El peso se convierte en testimonio. La herida se convierte en predicación. El dolor se convierte en ministerio.

La redención no se trata solo de salvación eterna; es también una restauración presente. Es el proceso en el cual Dios convierte la historia más oscura en una declaración de Su fidelidad. Cada herida entregada al amor de Cristo se convierte en una ventana por donde otros pueden ver Su luz.

> "La cruz nos recuerda que el sufrimiento no tiene la última palabra. La resurrección es la respuesta divina al trauma humano. Donde hubo muerte, Dios planta vida. Donde hubo dolor, brota propósito. Donde hubo vergüenza, surge redención."

La pastoral del acompañamiento encuentra en la cruz su fundamento más profundo. Quien acompaña a un herido debe recordar que no lo hace desde la superioridad, sino desde la compasión. Acompañar es caminar al lado, no por encima. Es mirar al dolor ajeno y decir: "Yo también tengo cicatrices, pero sigo aquí."

Servir desde la cruz es vivir recordando que cada herida puede volverse canal de gracia. Que el dolor que una vez nos quebró puede ahora sanar a otros. Que el trauma no nos define, sino la presencia de Cristo en medio de él.

El alma sanada en la cruz aprende que la gloria no está en escapar del sufrimiento, sino en permitir que Dios lo use para revelar Su amor. Porque cada vez que alguien lleva su trauma al Calvario, el cielo escribe una nueva historia. Y en esa historia, las lágrimas no se pierden: se convierten en redención.

Preguntas de reflexión

- ¿Cómo has entendido tradicionalmente la cruz: como castigo, sacrificio o redención?
- ¿Qué cambia cuando ves la cruz como el lugar donde Dios entra en el dolor humano?
- ¿Hay traumas en tu vida que aún no has llevado conscientemente a la cruz?
- ¿Qué significa para ti vivir una fe donde las cicatrices no se borran, sino que se redimen?

EL PODER DE ESTAR PRESENTE

Llorad con los que lloran.

— ROMANOS 12:15

Hay momentos en que las palabras sobran.

El ministerio pastoral, tan lleno de enseñanzas, consejos y prédicas, a veces necesita recordar que el silencio también puede ser una forma de gracia. No toda herida se cura con respuestas, y no todo dolor necesita explicación.

La pastoral no siempre necesita respuestas; necesita presencia.

Estar presente no es una habilidad, es una decisión. Implica dejar de intentar "arreglar" lo que el otro siente y comenzar a compartirlo. En un mundo saturado de ruido, el alma herida no busca una voz más, sino una presencia que le recuerde que no está sola.

> "La pastoral del acompañamiento no siempre requiere palabras. A veces, el silencio compartido es más poderoso que cualquier sermón. Estar presente en el sufrimiento del otro es un acto de amor encarnado que refleja el corazón de Cristo."

LA HISTORIA DE JOB ILUSTRA ESTE PRINCIPIO DE FORMA MAGISTRAL.

Después de perder sus bienes, su salud y a sus hijos, Job quedó sumido en un silencio lleno de luto. Cuando sus amigos lo vieron de lejos, no lo reconocieron. Lloraron con él, rasgaron sus mantos y se sentaron a su lado durante siete días y siete noches sin decir palabra.

Ese silencio fue su mejor ministerio. Por una semana, su presencia fue consuelo. Pero cuando abrieron la boca para explicar su sufrimiento, lo hirieron más profundamente que cualquier pérdida. El error de los amigos de Job fue creer que el sufrimiento necesita explicación. Intentaron darle una razón teológica a su tragedia, cuando lo único que Job necesitaba era compañía.

Y eso sigue ocurriendo hoy: los líderes, movidos por la ansiedad de ofrecer una respuesta, hablan demasiado y escuchan poco. Pero el alma herida no necesita argumentos, necesita amor. El acompañamiento pastoral comienza cuando dejamos de intentar solucionar y empezamos a compartir.

> "El poder de la presencia pastoral radica en la empatía. Escuchar sin interrumpir, acompañar sin juzgar y estar sin prisa son gestos que comunican el amor de Cristo de manera más profunda que cualquier discurso."

El ministerio del acompañamiento encarnado es la expresión más tangible del Evangelio. Dios no envió un mensaje desde el cielo; envió a Su Hijo. Jesús no predicó desde la distancia; caminó junto a los cansados, tocó a los rechazados, comió con los olvidados. El acompañamiento encarnado es el modelo pastoral de Cristo: un ministerio que no observa desde lejos, sino que entra al sufrimiento para transformarlo. El cielo no se limitó a ofrecer consuelo; se hizo carne.

> "Jesús, el acompañante por excelencia, no ofreció explicaciones ante el sufrimiento; ofreció Su presencia. En Él, Dios se hace cercano, accesible y tangible. Su ejemplo es la base de toda pastoral auténtica: un liderazgo que no impone, sino que acompaña."

El poder de estar presente no depende de la elocuencia, sino del amor. Cuando un pastor o un creyente se sienta junto al que llora y guarda silencio, ese silencio habla. Dice: *"Estoy contigo. No tengo respuestas, pero no me voy."*

Esa es la esencia del acompañamiento: permanecer cuando otros se alejan. En un mundo que idolatra las soluciones, la presencia se convierte en profecía. No todos los acompañamientos ocurren en funerales o momentos de tragedia. A veces, acompañamos en matrimonios desgastados, en crisis emocionales, en temporadas de sequía espiritual o en el cansancio ministerial.

Estar presente no es llenar espacios; es sostener silencios. Es reconocer que no somos los sanadores, sino los testigos del proceso de sanidad que solo Dios puede completar.

> "En el ministerio pastoral, acompañar es un acto de humildad. Implica reconocer que no tenemos todas las respuestas y que solo Dios puede sanar verdaderamente el corazón humano. El pastor que aprende a estar presente sin necesidad de controlar es un instrumento de paz en las manos del Espíritu."

La pastoral del acompañamiento encarnado es un ministerio de presencia, no de control. No se trata de solucionar, sino de compartir. No de enseñar, sino de escuchar. No de dominar la conversación, sino de permanecer en ella. Jesús no evitó el sufrimiento; lo habitó. Y cuando la iglesia aprende a hacer lo mismo, su testimonio se vuelve creíble.

EL PODER DE ESTAR PRESENTE TAMBIÉN PERTENECE A LOS LAICOS.

No se necesita título ni púlpito para acompañar a otro. Cada creyente puede ser un canal de consuelo simplemente escuchando con compasión, orando con sinceridad y permaneciendo sin condiciones. La iglesia no se construye solo con sermones, sino con presencias fieles.

> "El pastor o líder que aprende a estar presente sin prisa ni juicio ofrece el mayor regalo: el reconocimiento. Cuando alguien se siente visto, comienza a sanar. La mirada compasiva tiene poder restaurador."

El acompañamiento pastoral no consiste en llenar el silencio, sino en dignificarlo. Acompañar en silencio, oración y escucha es una forma de intercesión. Cada vez que nos sentamos junto a alguien que sufre y decidimos no hablar, el cielo también se sienta con nosotros. Cada vez que oramos con alguien sin intentar dirigir su proceso, el Espíritu Santo hace el trabajo que nosotros no podemos hacer. Y cada vez que escuchamos de verdad, el amor de Cristo se hace audible.

Dios no necesita voces ruidosas; necesita corazones disponibles. El pastor que ora más de lo que habla y escucha más de lo que corrige se convierte en un reflejo del Maestro. Jesús no enseñó solo con palabras, sino con presencia. Cuando dijo "Estoy con vosotros todos los días hasta el fin del mundo", estableció el modelo pastoral eterno: estar. Acompañar en silencio, oración y escucha es ejercer el ministerio más fiel al corazón de Dios.

Porque cuando estamos presentes, Dios también lo está. Y cuando la iglesia aprende a quedarse, incluso cuando no tiene respuestas, se convierte en el abrazo visible del cielo. El poder de estar presente no consiste en resolver, sino en permanecer. Y en ese permanecer, los corazones se abren, las lágrimas se vuelven oración y el amor de Cristo se manifiesta de forma tangible. Porque a veces, lo más parecido a Dios que una persona puede sentir es la presencia de alguien que decide no irse.

Preguntas de reflexión

- ¿Te resulta más fácil hablar que acompañar en silencio?
- ¿Qué aprendes del ejemplo de los amigos de Job antes de comenzar a hablar?

- ¿Cómo puedes practicar una presencia más compasiva en tu entorno inmediato?
- ¿De qué maneras el silencio, la escucha y la oración pueden convertirse en ministerio?

DERRIBANDO MUROS DE ESTIGMA EN LA IGLESIA

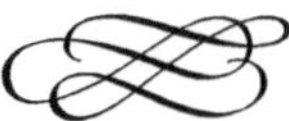

En esto conocerán todos que sois mis discípulos, si tuviereis amor los unos con los otros.

— JUAN 13:35

La iglesia fue llamada a ser un refugio, pero a veces se ha convertido en un lugar donde las personas esconden sus heridas por miedo a ser juzgadas. El estigma, cuando entra en la comunidad de fe, se disfraza de corrección espiritual o de celo doctrinal, pero su fruto no es redención, sino miedo. Jesús vino a derribar muros, y sin embargo, muchas congregaciones han construido los suyos.

El primer paso hacia la sanidad comunitaria es reconocer que el estigma todavía existe dentro del cuerpo de Cristo.

> "El estigma religioso sigue operando de forma sutil en nuestras iglesias. Se manifiesta cuando se juzga al enfermo mental, cuando se etiqueta al divorciado, cuando se excluye al que no encaja en los moldes tradicionales de espiritualidad. Estas prácticas, aunque parezcan pequeñas, perpetúan la cultura del miedo y la vergüenza."

Identificar las prácticas estigmatizantes en la iglesia no es un acto de crítica, sino de amor. No se puede sanar lo que se niega, y no se puede redimir lo que se oculta.

El estigma se manifiesta en frases aparentemente inofensivas: "Ora más y se te pasará", "Dios no te usa porque no tienes suficiente fe", "Esa depresión es falta de oración". Cada una de estas expresiones, dichas sin malicia, reflejan una teología incompleta del sufrimiento.

EL PROBLEMA NO ES LA INTENCIÓN, SINO LA FALTA DE COMPASIÓN.

Cuando la iglesia espiritualiza el dolor sin acompañarlo, sustituye la gracia por culpa.

"La iglesia debe volver a su esencia pastoral, que no consiste en corregir primero, sino en acompañar. La empatía debe convertirse en la herramienta fundamental de toda comunidad que desee reflejar el corazón de Cristo. Solo desde la comprensión puede florecer la verdadera santidad."

Educar y discipular a la iglesia para responder con compasión es una tarea urgente. El discipulado no puede limitarse a la transmisión de conocimiento bíblico; debe formar corazones sensibles al sufrimiento humano. Jesús no solo enseñó con palabras, sino con actos de misericordia. Cuando vio a la multitud, "tuvo compasión de ellos, porque estaban desamparados y dispersos como ovejas que no tienen pastor."

La compasión fue su pedagogía. Y la iglesia necesita reaprenderla.

"La formación cristiana no puede centrarse únicamente en la corrección doctrinal; debe incluir el desarrollo emocional y espiritual del creyente. Educar en la compasión es discipular en el carácter de Cristo."

UNA COMUNIDAD QUE AMA BIEN SE CONVIERTE EN UNA COMUNIDAD QUE SANA.

Cuando los creyentes entienden que la santidad no se mide por la ausencia de problemas, sino por la capacidad de acompañar en medio del dolor, el Reino de Dios se hace visible en la tierra. El discipulado de Jesús no fue teórico, fue encarnado. Caminó con pescadores, comió con pecadores, tocó a enfermos, abrazó a niños.

Su enseñanza no se limitó a la Palabra hablada, sino al gesto compartido. Derribar los muros del estigma requiere acción, no solo reflexión. Por eso, las estrategias pastorales deben ser concretas, accesibles y sostenibles. Entre ellas se encuentran los grupos de apoyo, donde las personas pueden hablar libremente de sus luchas emocionales y espirituales sin temor al juicio.

Una iglesia saludable ofrece espacios donde el alma puede respirar. En esos grupos, el pastor o líder no es un juez, sino un acompañante. Escucha, ora, anima y ayuda a conectar el sufrimiento con la esperanza. Otra herramienta fundamental es el lenguaje inclusivo y compasivo. Las palabras tienen poder para sanar o herir.

Cuando un sermón, una conversación o una oración usan términos que excluyen o avergüenzan, el Evangelio se distorsiona. Cambiar el lenguaje es cambiar la cultura espiritual de una comunidad. No se trata de diluir la verdad, sino de presentarla con amor. Jesús nunca sacrificó la verdad, pero siempre la habló desde la ternura.

> "La forma en que hablamos revela nuestra teología. Una iglesia que usa un lenguaje compasivo demuestra que ha comprendido la gracia. La palabra dicha con amor tiene poder sanador; la dicha con juicio, poder destructivo."

La predicación liberadora también es una herramienta esencial para derribar el estigma. Cada mensaje debe recordarle a la gente que el Evangelio no condena, libera. Que Cristo no vino a señalar heridas, sino a tocarlas. La predicación debe ser un espacio donde el alma encuentra consuelo, no donde el corazón se esconde.

Un púlpito saludable no busca producir culpa, sino esperanza. Cuando el pastor predica con vulnerabilidad, el pueblo aprende a vivir en libertad. La iglesia debe convertirse en un taller de restauración, no en un museo de perfección. La gente no necesita escuchar sermones sobre cómo esconder su dolor, sino sobre cómo redimirlo. El mensaje de la cruz sigue siendo el mismo: del quebranto nace la vida, del dolor brota propósito, y de las lágrimas emerge la gloria.

> "El propósito de la predicación pastoral no es impresionar, sino sanar. Cuando el mensaje se centra en la gracia, los corazones se abren. Cuando se predica desde la experiencia, la fe se encarna. Y cuando se habla desde la compasión, el Espíritu Santo se mueve con libertad."

Para cultivar una iglesia segura, es necesario traducir la compasión en práctica diaria.

La aplicación no es teórica; es comunitaria. Una iglesia segura es aquella donde se puede llorar sin miedo, confesar sin vergüenza y sanar sin esconderse. El pastor que fomenta la transparencia enseña con su vida que la vulnerabilidad no es debilidad, sino camino de redención. La comunidad que acompaña en lugar de condenar se convierte en un espacio donde la gracia florece.

Esto implica decisiones prácticas: capacitar a líderes en salud emocional, enseñar sobre trauma desde la Palabra, y establecer protocolos de acompañamiento para quienes atraviesan crisis.

Significa orar con el que duda, visitar al que se aísla, escuchar sin corregir de inmediato. Una iglesia segura es aquella que protege el alma antes que la imagen.

> "Una comunidad redentora no se define por su perfección, sino por su capacidad de amar al que fracasa. La verdadera espiritualidad no se mide por la ausencia de heridas, sino por la disposición a sanar juntos."

Derribar los muros del estigma es derribar las barreras que separan al herido de la esperanza. Cuando la iglesia deja de ser un espacio de juicio y se convierte en un hogar para los quebrantados, el Reino de Dios se manifiesta.

Cada abrazo se vuelve predicación. Cada palabra amable, una oración. Cada acto de compasión, una semilla de eternidad.

El llamado pastoral es claro: construir iglesias donde la gracia tenga rostro, donde la fe tenga manos, y donde el amor tenga voz. Porque una iglesia segura no es la que evita el dolor, sino la que lo abraza y lo redime. Y en esa redención compartida, el Evangelio se hace carne una vez más.

Preguntas de reflexión

- ¿Qué prácticas estigmatizantes identificas en tu iglesia o contexto espiritual?
- ¿Cómo puede el lenguaje que usamos herir o sanar a otros?

- ¿Qué papel juega la predicación en la creación de una cultura segura?
- ¿Qué pasos concretos puedes dar para ayudar a construir una iglesia más compasiva y restauradora?

UNA IGLESIA QUE LLORA Y SANA JUNTA

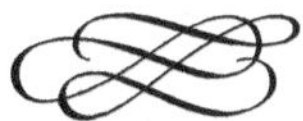

Enjugará Dios toda lágrima de los ojos de ellos; y ya no habrá muerte, ni habrá más llanto, ni clamor, ni dolor; porque las primeras cosas pasaron.

— APOCALIPSIS 21:4

La iglesia nunca fue llamada a ser un museo de santos, sino un hospital para almas heridas. En cada congregación hay personas que sonríen en público y lloran en secreto. Hay quienes levantan las manos el domingo, pero cargan culpas que no confiesan a nadie. Hay pastores agotados, familias rotas, creyentes que se sienten invisibles. Y en medio de todos ellos, está el Dios que sigue llorando con Su pueblo y sanando en comunidad.

"La iglesia es el espacio donde las lágrimas no deben ser motivo de vergüenza, sino testimonio de que aún

> creemos. Llorar juntos es reconocer que la redención también se construye desde el quebranto compartido."

Una iglesia que llora junta aprende a vivir la compasión. Una iglesia que sana junta aprende a ver el rostro de Cristo en el otro. En la comunidad, el dolor no se sufre en soledad, se transforma en comunión. Porque cuando el cuerpo de Cristo sufre, todo el cuerpo lo siente; y cuando un miembro es restaurado, todos celebran la victoria. La imagen del hospital del alma resume la verdadera vocación de la iglesia.

NO EXISTE FE MADURA SIN EMPATÍA

La iglesia es el lugar donde los enfermos espirituales son atendidos, donde los quebrantados encuentran consuelo y donde los heridos descubren que su historia aún tiene propósito. El hospital del alma no funciona con juicios, sino con misericordia. Los médicos no rechazan a los enfermos; los atienden.

Así también debe actuar la iglesia: como un lugar donde el diagnóstico no es condena, sino oportunidad de gracia.

> "La comunidad de fe está llamada a funcionar como una familia terapéutica, donde la sanidad no depende de la perfección, sino de la presencia. La iglesia no sana porque no haya heridas, sino porque las comparte."

El discipulado es una de las herramientas más poderosas de sanidad espiritual. El discipulado no consiste únicamente en enseñar doctrina, sino en formar corazones que reflejen el carácter de Cristo. Jesús discipuló caminando con sus seguidores, comiendo con ellos, confrontándolos y restaurándolos. El discipulado bíblico no se trata de información, sino de transformación. No se trata de producir creyentes expertos en Biblia, sino discípulos expertos en amar.

> "El discipulado es el proceso mediante el cual el creyente aprende a ver el mundo y a sí mismo desde la perspectiva de la gracia. En ese proceso, la comunidad se convierte en el contexto terapéutico donde Dios sana heridas mientras forma carácter."

El discipulado crea espacios de relación donde la verdad se puede decir sin miedo, y la corrección se da con amor. Cuando la iglesia practica el discipulado relacional, la fe se humaniza y la esperanza se fortalece. Cada conversación, cada encuentro, cada enseñanza se convierte en una oportunidad para restaurar. Una iglesia discipulada es una iglesia más compasiva, porque ha aprendido que no puede enseñar redención sin practicarla.

"La comunidad no existe para exhibir perfección, sino para practicar redención. El discipulado no solo enseña a creer, enseña a sanar."

LA IGLESIA TAMBIÉN ENCUENTRA SU ESPERANZA EN EL FUTURO

La esperanza escatológica no es una evasión del presente, sino el ancla que sostiene al creyente mientras atraviesa el sufrimiento. Cuando Apocalipsis promete: *"Dios enjugará toda lágrima de los ojos de ellos"*, no está hablando solo del cielo futuro, sino del corazón presente de Dios.

El mismo Dios que un día enjugará toda lágrima, hoy las cuenta y las guarda. Cada llanto es una oración, cada herida un recordatorio de que la historia aún no termina. En la visión escatológica, la iglesia encuentra sentido al dolor. No se trata de negar la tragedia, sino de entender que la tragedia no tiene la última palabra. La esperanza cristiana no es optimismo, es convicción: un día no habrá más llanto, ni muerte, ni dolor.

Y mientras ese día llega, la iglesia actúa como anticipo de esa promesa, encarnando la sanidad que un día será completa.

"La escatología no es un escape de la realidad, sino el recordatorio de que la realidad no está completa sin

> Dios. La promesa del cielo es también el llamado a vivir como cielos en la tierra, donde cada lágrima sea acompañada hasta que deje de existir."

El llamado pastoral es construir comunidades donde esa promesa se viva aquí y ahora. Donde las lágrimas se acompañen, las heridas se escuchen y el dolor se transforme en oración. Una iglesia que practica la cultura del acompañamiento y la redención no teme al sufrimiento, lo abraza con propósito. Acompañar no es cargar el peso del otro, sino recordarle que no carga solo. Redimir no es olvidar lo ocurrido, sino permitir que Dios saque vida del lugar donde hubo muerte.

La cultura del acompañamiento se practica en lo cotidiano: en la oración compartida, en el abrazo sincero, en la escucha atenta, en la intercesión sin juicio. Cada gesto de amor es un acto de resistencia ante la cultura del descuido y la indiferencia. La iglesia se vuelve sanadora cuando prefiere el tiempo sobre la prisa, la comprensión sobre la corrección, la presencia sobre el consejo.

> "Una iglesia redentora no mide su éxito por la cantidad de programas, sino por la calidad de sus relaciones. El Reino de Dios se construye en la mesa compartida, en la

oración comunitaria, en el acompañamiento silencioso que sostiene al que casi se rinde."

Cuando la iglesia decide acompañar en lugar de condenar, se convierte en la encarnación del Evangelio. Cuando aprende a llorar con los que lloran, se vuelve el rostro visible del Cristo que todavía enjuga lágrimas.

Una iglesia así no teme ensucarse las manos; las extiende. No se aleja del herido; lo abraza. No huye del dolor; lo redime.

La comunidad que llora y sana junta revela al mundo la esencia del Reino: un pueblo que vive la compasión como práctica y la esperanza como promesa. Una iglesia que se atreve a acompañar sin juzgar, a escuchar sin prisa y a sanar sin condiciones, se convierte en anticipo del cielo en la tierra. La historia de la redención sigue escribiéndose en cada gesto de amor, en cada abrazo compartido, en cada lágrima que se enjuga con ternura. Y mientras el pueblo de Dios camina hacia la eternidad, la iglesia sigue siendo el hospital del alma donde los heridos encuentran reposo y los quebrantados descubren que aún hay esperanza. Porque la iglesia que llora y sana junta es la que más se parece a Jesús. Y en cada lágrima compartida, el cielo se acerca un poco más a la tierra.

Preguntas de reflexión

- ¿Cómo entiendes la imagen de la iglesia como hospital del alma?
- ¿De qué manera el discipulado puede convertirse en una herramienta de sanidad y no solo de enseñanza?
- ¿Qué esperanza te produce la promesa de que Dios enjugará toda lágrima?
- ¿Cómo puede tu comunidad de fe reflejar hoy esa esperanza futura?

CONCLUSIÓN: LAS LÁGRIMAS QUE REDIMEN

Jesús Lloró

—JUAN 11:35

Todo comenzó con una lágrima. No con una multitud, ni con un milagro, ni con una enseñanza pública. Comenzó con dos palabras silenciosas, cortas, eternas: *Jesús lloró.* El Creador del universo, el que sostiene los astros, el que con su voz calma las tormentas, se detuvo frente al sepulcro de un amigo y lloró. Con esas lágrimas, el cielo se hizo humano y la compasión se hizo carne. Ese momento redefine todo lo que creemos sobre Dios, sobre la fe y sobre el ministerio. **Jesús lloró, y eso lo cambia todo.** Cambia cómo pastoreamos, cómo servimos, cómo acompañamos y cómo sanamos. Porque en esas lágrimas descubrimos que Dios no se distancia del sufrimiento; lo comparte. Y si Dios no temió llorar, tampoco nosotros debemos temer hacerlo.

CUANDO DIOS LLORA, LA TEOLOGÍA SE VUELVE HUMANA

El llanto de Jesús en Betania es la piedra angular de una pastoral redentora. En ese gesto silencioso se revelan los atributos más profundos del corazón divino: empatía, ternura y compasión. No es un Dios que solo enseña, sino que también siente. No solo ordena, también abraza. No solo repara, también acompaña. El dolor humano se convierte, entonces, en un espacio de encuentro con lo divino. La fe no elimina el sufrimiento; lo transforma. El ministerio no consiste en evitar las lágrimas, sino en aprender a redimirlas. Cuando Jesús lloró, nos enseñó que las lágrimas no son un obstáculo para la fe, sino su más pura expresión.

> "Las lágrimas no son un signo de derrota, sino la expresión más pura de nuestra humanidad redimida. Son el lenguaje de los que han amado profundamente."

Cada lágrima derramada por un creyente es un recordatorio de que el Espíritu Santo todavía habita en nosotros. Llorar es reconocer que amamos, que creemos, que esperamos. Es aceptar que el dolor no tiene la última palabra, que Dios puede sacar belleza incluso del quebranto. Por eso, una teología que no sepa llorar con el pueblo no ha entendido aún el corazón del Evangelio.

JESÚS LLORÓ, Y ESO CAMBIA CÓMO PASTOREAMOS

La pastoral no se mide por la cantidad de sermones predicados ni por el tamaño de la congregación, sino por la capacidad de acompañar con ternura y humildad. Jesús no construyó un ministerio basado en la distancia, sino en la cercanía. Él tocó lo que otros evitaban, abrazó a quienes la religión había rechazado y escuchó a quienes el mundo había silenciado. Su ministerio fue una escuela de presencia. Pastorear desde las lágrimas es entender que la vulnerabilidad es parte del llamado. Los líderes que no lloran con su gente terminan pastoreando estructuras, no corazones. La iglesia necesita menos discursos y más acompañamiento. Menos juicios y más abrazos. Menos perfección y más humanidad.

> "La vulnerabilidad del líder no disminuye su autoridad, la humaniza. La iglesia no necesita ministros sin heridas, sino pastores que sepan llorar. La autenticidad es el terreno donde la gracia florece."

Jesús lloró, y con eso nos dio permiso para sentir. Nos

enseñó que pastorear no es dirigir desde la altura, sino acompañar desde el suelo. Que el poder no se demuestra con control, sino con compasión. Que la autoridad no se impone, se gana sirviendo. El ministerio del llanto no es debilidad; es la expresión más pura de la fortaleza espiritual. Porque el que puede llorar con su pueblo, puede sanar con su palabra.

JESÚS LLORÓ, Y ESO CAMBIA CÓMO SANAMOS

El trauma humano, el estigma, el silencio y la culpa encuentran su redención en la cruz. Cada capítulo de este libro ha querido recordarnos eso: que el dolor no desaparece al ignorarlo, sino al entregarlo. Sanar no significa olvidar, sino recordar sin sufrir. No significa dejar de sentir, sino aprender a sentir con propósito. Jesús no evitó la cruz; la abrazó. Y en ese acto, el sufrimiento se convirtió en salvación.

> "El propósito de la redención no es borrar el dolor, sino santificarlo. La sanidad que proviene de la cruz no consiste en olvidar, sino en recordar sin sufrir, en mirar la herida y ver en ella la fidelidad de Dios."

La sanidad espiritual ocurre cuando nos atrevemos a mirar el trauma a través del lente de la cruz. El Cristo crucificado nos enseña que las heridas pueden coexistir con la gloria. Él resucitó con las cicatrices aún visibles, no como signo de derrota, sino como prueba de victoria. El creyente sanado no es aquel que nunca fue herido, sino aquel que permite que Dios use sus heridas para sanar a otros. Sanar mientras seguimos sirviendo, llorar mientras seguimos caminando, acompañar mientras seguimos aprendiendo: esa es la verdadera pastoral del Reino. Y en esa pastoral, la cruz no es un símbolo de derrota, sino el punto de encuentro entre el trauma humano y la gracia divina.

UNA IGLESIA QUE APRENDE A LLORAR

La iglesia del futuro será sanadora o no será relevante. El mundo no necesita templos más grandes, necesita comunidades más compasivas. Necesita iglesias que vuelvan a llorar con su gente, que vuelvan a escuchar, que vuelvan a abrazar. La fe sin empatía se convierte en ideología. Pero la fe con lágrimas se convierte en redención. La iglesia que llora junta, sana junta. La comunidad que acompaña en lugar de condenar se transforma en reflejo del cielo. En ella, las lágrimas no se esconden, se comparten. El púlpito deja de ser un pedestal y se convierte en una mesa donde todos pueden sentarse. El líder deja de ser un símbolo de perfección y se convierte en un testigo de gracia.

> "Una iglesia redentora no mide su éxito por la cantidad de programas, sino por la calidad de sus relaciones. El Reino de Dios se construye en la mesa compartida, en la oración comunitaria, en el acompañamiento silencioso que sostiene al que casi se rinde."

Cuando la iglesia abraza su papel de hospital del alma, se cumple el propósito de Cristo: sanar a los quebrantados de corazón, liberar a los cautivos y anunciar el año agradable del Señor. Esa es la misión: acompañar al herido hasta que el dolor se convierta en testimonio.

LLAMADO PASTORAL: LAS LÁGRIMAS TAMBIÉN PREDICAN

Este es un llamado a cada pastor, líder y creyente que siente el peso del servicio: no niegues tus lágrimas. No las escondas en nombre de la fe. No las reprimas en nombre del ministerio. Llorar no te hace menos espiritual; te hace más humano, y por tanto, más parecido a Jesús. Tu llanto es oración. Tus lágrimas son semillas. Tu quebranto es el terreno donde Dios planta esperanza. Permite que tus lágrimas hablen. Predican con más poder que cualquier sermón, porque predican desde la verdad.

Cada lágrima derramada en el altar, cada oración hecha con voz entrecortada, cada noche en que decides seguir sirviendo aun sin entender, se convierte en acto de adoración. No llores solo por el dolor; llora porque crees. Llora porque esperas. Llora porque sabes que tu historia no termina aquí.

> "Las lágrimas que un día dolieron serán las mismas que Dios usará para sanar a otros. Ninguna lágrima se desperdicia en las manos del Creador."

Cuando los líderes aprenden a llorar con su gente, la iglesia aprende a sanar con su Dios. Cuando los creyentes dejan de temer al dolor, descubren que su fe se vuelve más viva. Y cuando una comunidad convierte sus lágrimas en oración, el Espíritu Santo convierte su dolor en misión.

PALABRAS FINALES DE ESPERANZA Y MISIÓN

La historia de la fe cristiana comenzó con lágrimas en el Huerto, se extendió con lágrimas en el Calvario y terminará con lágrimas enjugadas en la eternidad. Desde Génesis hasta Apocalipsis, las lágrimas han sido el hilo que conecta al ser humano con su Creador. Pero llegará un día (prometido y seguro) en el que Dios mismo enjugará cada una de ellas. Hasta entonces, lloramos con propósito. Acompañamos con esperanza. Servimos con compasión.

Porque cada lágrima tiene un destino en el corazón de

Dios. Cada herida tiene una historia de redención. Cada trauma tiene una puerta hacia la gracia. Y cada iglesia tiene la oportunidad de ser el espacio donde los quebrantados descubren que sus lágrimas son bienvenidas. La misión de la iglesia no es evitar el dolor, sino redimirlo. La tarea del pastor no es ocultar sus lágrimas, sino modelar lo que significa entregarlas a Cristo. Y el llamado del creyente no es huir del sufrimiento, sino permitir que el amor de Dios lo transforme en testimonio.

Jesús lloró, y con esas lágrimas nos enseñó a vivir una fe encarnada, compasiva y redentora. Por eso, pastorea con ternura. Sirve con honestidad. Acompaña con humildad. Y si en el camino vienen lágrimas, déjalas correr, porque cada una de ellas es un recordatorio de que aún estás vivo, aún crees, y aún eres instrumento de Su gracia. Llorar no es el final; es el inicio del milagro. Porque cada lágrima derramada en la presencia de Dios tiene un propósito eterno. Y cuando finalmente llegue el día en que Él las seque todas, entenderemos que cada una de ellas valió la pena.

Jesús lloró… y esas lágrimas siguen redimiendo al mundo.

Preguntas de reflexión

- ¿Qué ha cambiado en tu manera de ver las lágrimas a lo largo de este libro?
- ¿Cómo entiendes ahora la relación entre fe, dolor y redención?

- ¿Qué te está invitando Dios a sanar, entregar o acompañar después de esta lectura?
- ¿De qué manera puedes vivir una fe más compasiva, auténtica y presente?

APÉNDICE A: ORACIONES MODELO

ORACIÓN CUANDO EL DOLOR NO TIENE PALABRAS

Señor, hoy vengo a Ti sin respuestas y sin fuerzas. No sé explicar lo que siento, pero Tú lo conoces todo. Mi corazón está cansado y mi alma herida. He aprendido a sonreír para sobrevivir, pero hoy decido dejar de esconderme delante de Ti. Tú lloraste, y por eso sé que no me juzgas.

Recibe mis lágrimas como oración. Sana lo que no sé nombrar. Acompáñame en este valle y recuérdame que no camino solo. Confío en que, aun en medio de este dolor, Tú sigues obrando.

Amén.

ORACIÓN PARA ENTREGAR EL TRAUMA A LA CRUZ

Jesús, hoy traigo a la cruz aquello que me ha marcado. Recuerdos que duelen, heridas que no cerraron, palabras que aún pesan. No quiero huir más de mi historia. Quiero mirarla contigo.

Tú conoces el sufrimiento, Tú conoces la herida, Tú conoces la vergüenza. Redime lo que me rompió. Transfórmalo en testimonio. Enséñame a recordar sin sangrar. Creo que en Ti, incluso mis cicatrices pueden tener propósito.

Amén.

Oración cuando me siento solo y no comprendido

Padre, hay momentos en los que me siento invisible. Rodeado de gente, pero profundamente solo. Hoy vengo a Ti porque sé que Tú te quedas cuando otros se van. Gracias porque no me apuras, no me exiges, no me rechazas.

Permíteme sentir Tu presencia aun en el silencio. Pon personas seguras en mi camino. Dame la valentía de abrir mi corazón cuando llegue el momento. Hasta entonces, quédate conmigo.

Amén.

Oración de esperanza en medio del proceso

Dios fiel, no todo está resuelto, pero sigo creyendo. No todo ha sanado, pero sigo caminando. Gracias porque mi proceso no te asusta.

Enséñame a confiar paso a paso. Recuérdame que el dolor no es mi final. Espero el día en que Tú enjugarás toda lágrima, pero mientras ese día llega, enséñame a vivir sostenido por Tu gracia.

Amén.

Oración antes de acompañar a alguien que sufre

Señor, hoy me acerco a una vida herida. No tengo todas las respuestas, pero Tú sí. Guarda mis palabras y santifica mi silencio. Que no hable desde el juicio, sino desde la compasión.

Ayúdame a escuchar más de lo que hablo y a amar más de lo que explico. Hazme instrumento de Tu presencia.

Amén.

Oración para acompañar en silencio

Dios de toda consolación, aquí estoy junto a este hermano, esta hermana, este corazón quebrantado.

No vengo a corregir, vengo a permanecer. No vengo a explicar, vengo a sostener. Que Tu Espíritu haga lo que mis palabras no pueden hacer. Que este silencio esté lleno de Tu paz.

Amén.

Oración cuando el dolor del otro me pesa

Señor, confieso que a veces el dolor ajeno me abruma. No quiero endurecer mi corazón ni huir del sufrimiento. Enséñame a acompañar sin cargar lo que solo a Ti te corresponde. Dame límites sanos, descanso oportuno y un corazón tierno. Recuérdame que yo también necesito Tu gracia.

Amén.

Oración pastoral de bendición y envío

Dios de misericordia, bendice a esta persona que ha llorado delante de Ti. Que sienta Tu cercanía, Tu cuidado y Tu amor constante.

Sana lo profundo, restaura lo quebrado, fortalece lo débil. Y permíteme ser un reflejo fiel de Tu corazón mientras Tú haces la obra completa.

Amén.

APÉNDICE B: GUÍA PASTORAL PARA GRUPOS PEQUEÑOS Y ACOMPAÑAMIENTO

PROPÓSITO DEL APÉNDICE

Este apéndice existe para ayudar a la iglesia a encarnar el mensaje del libro.

No es una guía terapéutica clínica, sino una herramienta pastoral y espiritual para crear espacios seguros donde el dolor pueda ser nombrado, acompañado y redimido.

El objetivo no es resolver todos los problemas, sino caminar juntos mientras Dios obra sanidad.

PRINCIPIOS FUNDAMENTALES PARA EL FACILITADOR

Antes de guiar cualquier grupo o proceso de acompañamiento, es importante establecer algunos principios espirituales y prácticos:

- El grupo no es un lugar para corregir, debatir o aconsejar apresuradamente.
  - Es un espacio de escucha, oración y presencia.
- La confidencialidad es sagrada.
  - Lo que se comparte en el grupo no se discute fuera de él.
- El facilitador no actúa como experto, sino como acompañante.
  - No guía desde la autoridad del conocimiento, sino desde la humildad del servicio.
- No todos sanan al mismo ritmo.
  - El proceso es más importante que el resultado inmediato.

ESTRUCTURA SUGERIDA PARA GRUPOS PEQUEÑOS

Este libro puede trabajarse en 6 a 8 encuentros, semanales o quincenales, dependiendo del contexto de la iglesia.

Cada sesión puede durar entre 75 y 90 minutos, siguiendo esta estructura básica:

- Un tiempo breve de bienvenida y oración inicial.
- Lectura de un fragmento del capítulo correspondiente.
- Diálogo guiado usando las preguntas de reflexión.
- Un tiempo de silencio intencional.

- Oración final, sin presión para que todos participen verbalmente.

Sugerencia de sesiones

Sesión 1- Jesús lloró: el Dios que siente

- Enfoque: romper la idea de un Dios distante y abrir el espacio emocional del grupo.
- Meta pastoral: dar permiso para sentir sin culpa.

Sesión 2- Trauma, dolor y silencio

- Enfoque: identificar heridas no resueltas y normalizar el proceso del dolor.
- Meta pastoral: validar experiencias sin forzar confesiones.

Sesión 3- Estigma y vergüenza

- Enfoque: reconocer cómo la iglesia ha herido y cómo puede sanar.
- Meta pastoral: cultivar compasión y lenguaje restaurador.

Sesión 4- Sanar mientras seguimos sirviendo

- Enfoque: líderes cansados, fe en medio del agotamiento.
- Meta pastoral: afirmar la vulnerabilidad como parte del llamado.

Sesión 5- La cruz y la redención del trauma

- Enfoque: llevar el dolor a Cristo sin espiritualizarlo.
- Meta pastoral: reconectar sufrimiento con esperanza.

Sesión 6- El poder de estar presente

- Enfoque: acompañar sin palabras, escuchar sin corregir.
- Meta pastoral: formar corazones disponibles.

Sesión 7- La iglesia como hospital del alma

- Enfoque: comunidad, discipulado y sanidad colectiva.
- Meta pastoral: visión de iglesia segura.

Sesión 8- Envío y misión

- Enfoque: vivir lo aprendido más allá del grupo.
- Meta pastoral: transformar sanidad en acompañamiento a otros.

Cómo acompañar a una persona herida

El acompañamiento pastoral no consiste en intervenir, sino en caminar al lado.

Escucha sin interrumpir. Evita frases que minimicen el dolor. No intentes encontrar culpables ni soluciones rápidas. Respeta los silencios. Ora con sencillez, sin discursos largos.

El acompañante debe recordar:

- No es su tarea sanar.
- Es su tarea permanecer.

Cuándo referir a ayuda profesional

Esta guía no reemplaza la ayuda clínica.

Un líder pastoral debe referir cuando observe:

- Pensamientos suicidas.
- Abuso activo o violencia.
- Trastornos severos no manejables en el espacio pastoral.
- Dependencias químicas sin control.

Referir no es falta de fe.
Es una expresión de amor y responsabilidad.

Cuidado del acompañante

Quien acompaña también necesita cuidado.
El facilitador debe:

- Tener espacios propios de oración y descanso.
- Contar con alguien que lo escuche.
- Reconocer sus límites emocionales.
- No cargar con historias que no le corresponden.

Una iglesia sana cuida tanto al herido como al acompañante.

Oración final para grupos pequeños

Señor, recibimos este espacio como un regalo de Tu gracia. Gracias por cada historia compartida y por cada silencio respetado. Sana lo que ha sido tocado hoy y guarda lo que aún necesita tiempo. Enséñanos a acompañar como Tú acompañas y a llorar como Tú lloraste. Haz de nuestra comunidad un lugar seguro donde el dolor encuentre redención.

Amén.

www.ingramcontent.com/pod-product-compliance
Lightning Source LLC
LaVergne TN
LVHW010936110826
845149LV00013B/2626

* 9 7 8 1 9 6 9 1 5 7 0 3 5 *